CON GRIN SU CONOCIMIENTOS VALEN MAS

AF155687

- Publicamos su trabajo académico, tesis y tesina

- Su propio eBook y libro - en todos los comercios importantes del mundo

- Cada venta le sale rentable

Ahora suba en www.GRIN.com y publique gratis

Bibliographic information published by the German National Library:

The German National Library lists this publication in the National Bibliography;
detailed bibliographic data are available on the Internet at http://dnb.dnb.de .

This book is copyright material and must not be copied, reproduced, transferred,
distributed, leased, licensed or publicly performed or used in any way except as
specifically permitted in writing by the publishers, as allowed under the terms and
conditions under which it was purchased or as strictly permitted by applicable
copyright law. Any unauthorized distribution or use of this text may be a direct
infringement of the author s and publisher s rights and those responsible may be
liable in law accordingly.

Imprint:

Copyright © 2015 GRIN Verlag, Open Publishing GmbH
Print and binding: Books on Demand GmbH, Norderstedt Germany
ISBN: 9783668363908

This book at GRIN:

http://www.grin.com/es/e-book/346484/identidad-memoria-y-reivindicacion-de-la-
lengua-y-de-la-cultura-vasca

Alexia Soraia Pimenta Gomes Zonca

Identidad, memoria y reivindicación de la lengua y de la cultura vasca en "Obabakoak" de Bernardo Atxaga

GRIN Publishing

GRIN - Your knowledge has value

Since its foundation in 1998, GRIN has specialized in publishing academic texts by students, college teachers and other academics as e-book and printed book. The website www.grin.com is an ideal platform for presenting term papers, final papers, scientific essays, dissertations and specialist books.

Visit us on the internet:

http://www.grin.com/

http://www.facebook.com/grincom

http://www.twitter.com/grin_com

Seminario románico de CAU zu Kiel

FACH 2.2 "De Gabriel Aresti a Kirmen Uribe: una introducción a la literatura vasca contemporánea"

Semestre de verano 2015

Identidad, memoria y reivindicación de la lengua

y de la cultura vasca en *Obabakoak*

de Bernardo Atxaga

Alexia Soraia Pimenta Gomes Zonca (semestre IV)

Índice

1. Introducción: Identidad, memoria y reivindicación de la cultura vasca

Ocupándose mucho tiempo con la historia del pueblo vasco y con la literatura vasca se destaca rápidmente la importancia de la memoria y de la identidad, sobre las cuales han estado escritos muchos ensayos. Debido a la reprensión causada bajo el régimen de Franco y después del terror causado por el grupo armado ETA, se ha creado una imagen retorcida sobre lo que es la identidad vasca y sobre cómo reivindicarla. Hubo pero autores que se esfuerzaron de dar un nuevo significado a las palabras memoria, identidad y reivindicación relacionados al territorio vasco. Entre ellos es primordial mencionar Bernardo Atxaga que en la actualidad cuenta con los escritores vascos más conocidos y traducidos al mundo. Atxaga reivindica una identidad vasca basada en la lengua y la cultura. Para demostrar cómo trasmite estos pensamientos mediante sus escrituras se tomará como ejemplo de uno de los cuentos del libro *Obabakoak*, llamado 'Método para plagiar'. En primer lugar, pero, se dará una definición resumida de los conceptos identidad, memoria y reivindicación.

1.1 La identidad

El concepto de la identidad cultural nació en el siglo XIX bajo el movimiento rómantico. Ignacio Gonzales Varas, profesor español experto de cultura explica de la siguiente manera lo que es la identidad:

> "La identidad cultural de un pueblo viene definida históricamente a través de múltiples aspectos en los que se plasma su cultura, como lengua, instrumento de comunicación entre los miembros de una comunidad, las relaciones sociales, ritos y ceremonias propias, o los comportamientos colectivos, esto es, los sistemas de valores y creencias.[1]"

Así que la identidad debe entenderse como 'lo común', el conjunto de elementos, situaciones y actitudes compartidas de manera diversa por los miembros del colectivo. En este sentido la identidad implica primariamente la pertenencia a un territorio y a una cultura comunes.[2]

---

[1] http://loslugarestienenmemoria.blogspot.de/2011/07/el-concepto-de-identidad-cultural-de-un.html (aceso: 07.08.2015).
[2] http://www.nacionandaluza.info/biblioteca%20andaluza/LA%20IDENTIDAD%20DE%20LOS%20PUEBLOS.pdf (aceso: 07.08.2015).

1.2 La memoria

Maurice Halbwachs, sociólogo francés que vivió durante los años de la segunda guerra mundial, caracterizó el concepto de la memoria colectiva. En su libro *La mémoire collective* explica que la memoria es una construcción social que vincula al individuo con la sociedad, y reescribe el pasado según los intereses del presente.[3] Por lo tanto son los recuerdos y las memorias que atesora y destaca la sociedad en su conjunto.

1.3 La reivindicación

Hablamos de reivindicación cuando grupos identitarios exigen un reconocimiento legal y una intervención de la instituciones estatales para preservar y proteger sus diferencias culturales. Referente al País vasco se puede decir que el proceso de reivindicación en parte ya ha traído buenos resultados. A partir de 1979 el País vasco se convierte en una Comunidad Autónoma con amplias competencias de organización y gestión.[4] En 1982 hubo el Decreto de Bilingüismo y la Ley de Normalización Lingüística que convirtió el euskera en lengua cooficial, y la competencia educativa transferida al gobierno vasco, dieron un respaldo institucional a la recuperación del euskera.[5] No obstante hubo hasta el 2006 intentos de crear un estado independiente vasco y socialista en Euskal Herria de parte de la organización terrorista ETA.

---

[3] Arroita, Izaro: *Memoria e identidad en la obra de Atxaga y Saizabitoria.* (en: *Revista Internacional de los Estudios Vascos.* Cuad. 8, 2011, pp. 126-139) - p. 129.
[4] Aldekoa, Iñaki: *Historia de la literatura vasca.* Donostia 2004, p. 191.
[5] Aldekoa, Iñaki: *Historia de la literatura vasca.* Donostia 2004, p. 191.

2. Que importancia tienen la memoria, la reivindicación y la identidad en la literatura de Bernardo Atxaga?

Bernardo Atxaga nació el 27 de Julio de 1951 bajo el nombre Jose Irazu Garmendia en la provincia de Gipuzkoa.[6] Decidió utilizar el seudónimo por prudencia, en una época en que escribir en euskara era considerado sospechoso políticamente, y por razones estéticas en homenaje a la vanguardia. Es el autor vasco más premiado y más conocido, fue nombrado miembro de la real Academia vasca en 2006 e ya en los años setenta era integrante del grupo literario *Pott*. El principal objetivo de *Pott* era la promoción de las letras vascas y la defensa de la autonomía de la literatura, que en el contexto vasco de la época supuso una acérrima denuncia de la literatura que respondía a objetivos extraliterarios, como por ejemplo los motivos nacionalistas y lingüísticos.

Gabriel Aresti (1933-1975) tuvo una especial importancia en la educación literaria de Bernardo Atxaga debido a que fue un dinamizador de la cultura en euskera y a su trabajo en favor de la unificación de la lengua.[7] Gabriel Aresti perteneció a una generación que intentó liberar la literatura vasca de su vínculo político, religioso y folclórico y hacer la función estética la primordial entre las otras tareas literarias. Gracias a los avenimientos que tuvieron lugar en los años sesenta, entre ellos el desarrollo económico e industrial, el establecimiento de escuelas vascas llamadas ikastolas y la creación de una lengua unida vasca llamada Euskara Batua se crearon nuevas oportunidades por la producción literaria en euskera.

La busca de la memoria del territorio vasco rural puso Atxaga en la necesidad de escribir en vasco sobre un 'mundo perdido' en el territorio vasco:

> "My intention was to speak, among other things, about a world of beginnings, about a forgotten world – and also because my intention was partly to capture that world like the Jews do: Primo Levi said 'nothing that's ever been life should be lost' … and because I

---

[6] Uriarte, Jon Kortázar: *Literatura vasca desde la Transición*. Madrid 2003, p. 9.
[7] Uriarte, Jon Kortázar: *Literatura vasca desde la Transición*. Madrid 2003, p. 9.

wanted to capture the Basque world of beginnings [...] and that's how the village Obaba was born[8]"

3.   Obabakoak

En su infancia el autor acompañaba a su padre de caserío en caserío a cobrar la luz y en Asteasu, pequeño pueblo con un paisaje verde, con caseríos dispersos en la montaña y habitado por una gente mayoritariamente vascoparlante que le contaba historias sobre animales y hechos fantásticos. Años más tarde estas historias quedaron plasmadas en la geografía imaginaria de Obaba, topos literario y lugar mítico en Euskal Herria ubicado en el mundo rural construido por Atxaga.[9] Al igual que en Euskal Herria, en el pueblo de Obaba sobrevive un idioma y una forma de pensar que ha perdurado gracias a su aislamiento.

La palabra "Obaba" viene de una canción de cuna de la provincia de Bizkaia que Atxaga escuchó mientras que vivía en Bilbao.[10]

Obabakoak es lo que se puede definir un ciclo de cuentos. Forrest L. Ingram en su trabajo *Representative Short story Cycles of the Twentieth Century*, define un ciclo de cuentos de la siguiente manera:

> "A book of short stories so linked to each other by the author that the reader's successive experience on various levels of the pattern of the whole significantly modifies his experience of each of its component parts.[11]"

Así se debe entender Obabakoak como una serie de cuentos pero relacionados entre sí, que forman un conjunto total. Este ciclo de cuentos fue escrito originalmente en euskera y traducido por el mismo autor en castellano, después ha sido traducido en más de 20 idiomas y ha ganado premios como el Premio Euskadi, el Premio Nacional de Narrativa, el Premio de la Crítica y el Prix Millepages.[12]

---

[8] Olaziregi, Mari Jose: *Waking the Hedgehog. The Literary Universe of Bernardo Atxaga*. Reno 2005, p.110.
[9] http://www.atxaga.org/bernardo-atxaga/biografia-de-bernardo-atxaga. (03.08.2015)
[10] Olaziregi, Mari Jose: *Waking the Hedgehog. The Literary Universe of Bernardo Atxaga*. Reno 2005, p. 110.
[11] Ingram, Forrest L.: *Representative Short Story Cycles of the Twentieth Century. Studies in a Literary Genre*. p. 19.
[12] Olaziregi, Mari Jose: *Leyendo a Bernardo Atxaga*. Bilbao 2002, p. 61.

Es un libro que consta con 26 cuentos que tienen en su raíz una sociedad en la que las narraciones míticas, las llamadas supersticiones siguen explicando los hechos, las cosas que suceden a la gente. En el libro "no se pinta una imagen romántica del País Vasco y Navarra ni se destaca su melancólica condición a lo largo de la dictadura. Al contrario, Obabakoak indaga la huella de la memoria en la producción cultural contemporánea y pone en relieve el poder mágico de la palabra escrita, espejo del anteayer e imagen visual de nuestros días, para salvaguardar el aporte de los pueblos vascos y navarros al patrimonio cultural español.[13]"

3.1 Cuento seleccionado: *Método para plagiar.*

El cuento *Método para plagiar* se encuentra en la tercera parte del libro y es en cuento clave referente al tema de la identidad, memoria y reivindicación de la literatura vasca. El cuento relata de un narrador que tiene una pesadilla en la noche y en este se encuentra solo en el medio de una selva agreste en completa oscuridad. Busca una salida, pero no la encuentra. En el momento en el cual empieza a desanimarse viene Axular al cual le pide de mostrarle la salida. Axular le promete mostrar la salida si el narrador antes le acompaña en la cima de una montaña. Allí Axular le explica que la tierra árida donde se encuentran es una isla y representa a la lengua vasca. Además le explica que un barco negro está navegando en dirección de la isla y que en este se encuentra gente muy mala que dañará a la isla más de lo que ya está dañada. Antes de dejarlo volver en la realidad, Axular le pide al narrador de hacer algo para proteger a la isla y le encomenda de plagiar para escribir más libros en vasco en poco tiempo. Cuando el narrador se despierta empieza a cumplir con su promesa y establece unas reglas para plagiar profesionalmente.

---

[13] Gómez Menjivar, Jennifer Carolina: *De tal palo, tal astilla. La huella de la memoria en Obabakoak y su adaptación cinematográfica, Obaba.* (en: Divergencias. Revista de estudios lingüísticos y literarios. Vol. 7, núm. 2, invierno 2009, pp. 13-22) - p . 13.

3.2 Interpretación de 'Método para plagiar'

Con el cuento '*Método para plagiar*' Atxaga quiere lograr mucho más que un simple plagio. En él se encuentra un significado profundo que ahora será analizado. El narrador sueña tener una conversación sobre el futuro de la literatura vasca y el euskera en relación a otras lenguas. La isla no representa un territorio concreto como el donde viven los vascos sino mucho más la lengua vasca.

> "Comprendí que aquella isla no era como la de Sardinia, o como la de Sicilia, sino que estaba hecha de otra materia, y que, por increíble que pareciera, aquel accidente geográfico que contemplaba no era otra cosa que mi propia lengua.[14]"

La lengua vasca, representada por la isla, es descrita como árida y muerta.

> "Estábamos en una isla, perdida en la inmensidad del mar. Era muy pequeña, y no había en ellas señales de vida [...] ¡que diminuta y limitada es! – le dije con el corazón afligido- ¡Y qué soledad más grande es la suya!- añadí.[15]"

Pero el euskara no siempre fue por así decir una lengua muerta. El cuento relata que hubo un tiempo en que la isla fue un lugar delicioso. Este tiempo es el en el que vivió Axular. Axular fue un intelectual vasco, que vivió en el siglo XVII, época que fue una especie de edad de oro para la literatura vasca. Además escribió Gero, considerado el mejor ejemplo de prosa mística en vasco. Axular dice que la isla se volvió en un lugar pequeño porque después el siglo XVII se acabó gradualmente de escribir en vasco. Además le explica al narrador que la isla sería más grande si se hubiera escrito en esukera tantos libros como se han escrito en francés o en cualquier otra lengua. Así también el euskera sería una lengua rica y perfecta como ellas."Todas las demás lenguas y lenguajes comunes en el mundo son, están entre ellos entreverados y relacionados. Pero el euskara es único, y distinto de cualquier otra lengua. De donde su soledad." Axular da a entender que el euskera es una lengua solitaria no solo porque es totalmente diferente de las otras lenguas que las rodean – efectivamente es una lengua anterior a las otras lenguas europeas y no parece que haya una relación con ellas – pero también por la razón que literalmente no hay habido un intercambio entre el vasco y las otras lenguas.

---

[14] Atxaga, Bernardo: *Obabakoak*. Madrid 2000, p. 402.
[15] Atxaga, Bernardo: *Obabakoak*. Madrid 2000, p. 402.

Como ha estado ya explicado anteriormente, la situación de la lengua y de la cultura vasca han mejorado mucho desde el fin de la guerra civil española. ¿Por qué entonces Atxaga vio la necesidad de 'resucitar', por así decir, a Axular y de hacerle hacer una apelo en favor de la escritura en vasco? La razón se encuentra entre otros en la nave negra que el narrador ve acercarse a la isla. Del color de la nave se puede deducir que este barco no trae nada de bueno para la isla, además se dice de ella que "es como aquel Grand Saint Antoine que arribó al puerto de Marsilia." (Seite 403) El Grand Saint Antoine fue el barco que llevó la peste a la ciudad de Marsilia en el año 1720. Como se sabe, la peste en una enfermedad altamente contagiosa y también mortífera. En este barco hay cinco grupos de personas que ven descritas de manera diferente y negativa.

El primer grupo es el grupo de los hipócritas. "Todo lo que hacen se queda en pura apariencia. Usan la palabra largamente, pero en cuanto a los hechos... no le verás nunca hacer nada.[16]" Estas son las personas que dicen que aman a la lengua vasca, pero que no actúan para preservarla y no se ocupan de ella. Lo único que hacen es presumir.

El segundo grupo que se encuentra en el barco son los banausianos que "conocen mejor que nadie la manera de sacar beneficios de la isla...es muy de su conveniencia que la isla permanezca tal como está, reducida y limitada.[17]" La palabra banausianos viene del griego y son personas que sólo se interesan por las cosas materiales y desprecian a la cultura. Estos pueden ser comparados con los nacionalistas que se interesan solo por sus objetivos. No quieren que la lengua vasca tenga alguna relación con otras lenguas y que el pueblo tenga un intercambio con los otros pueblos.

El tercer grupo es definido el grupo de los malos que "no pueden vivir sin sembrar simiente mala entre el trigo. Allí donde vean que puedan llevar el enfado y la enemistad, allí los verás reunidos en nombre del pueblo o de su periódico.[18]" Estos malos son los extremistas como los integrantes de ETA que

---

[16] Atxaga, Bernardo: *Obabakoak*. Madrid 2000, p. 403.
[17] Atxaga, Bernardo: *Obabakoak*. Madrid 2000, p. 404.
[18] Atxaga, Bernardo: *Obabakoak*. Madrid 2000, p. 404.

dicen luchar y hablar para el pueblo pero que su único interés es hacer el mal.

El próximo grupo es el grupo de los inflados. Estos "se creen sublimes, y están constantemente burlándose de la isla o atacandola, con lo que consideran que su sublimidad queda probada.[19]" Estas personas son los que se hacen importantes y ridiculizan a la pequeñez de la lengua vasca. Piensan que su sublimidad es más importante que los intereses de la lengua.

Por último hay el grupo de los tristes.

> "Al igual que los amantes mezquinos, sólo ofrecen a la isla sus penas, con lo cual no hacen sino empeorar la situación. Al que...le vas bien las cosas y va ascendiendo, le miran con semblante desesperanzados, dándole a entender que haga lo que haga será en vano.[20]"

Estas personas son las que se fijan en lo negativo y que desaniman a los que hacen esfuerzos para el idioma vasco diciendo que nada tiene sentido. Estos cinco grupos de personas que representan diferentes actitudes, o malas cualidades, son las que contagian con su manera de pensar a los habitantes del territorio vasco y así dañan a la lengua vasca. Por culpa de ellos la literatura en vasco sufre. Hay unos que a pesar que hablan euskera, deciden escribir en español porque piensan que la lengua vasca no sea importante y que con la lengua vasca no van a lograr tanto reconocimiento que con una lengua más internacional. Otros utilizan la lengua por puro uso propagandístico y nacionalista.

Para resolver el problema de la pequeñez de la lengua vasca y para prevenir que las personas en el barco no continúen contagiando a otros, Axular le aconseja al narrador de plagiar. Explica que al final "no hay nada nuevo bajo el sol", osea que cada cuento o obra tiene sus fuentes o inspiraciones en algo que ya existió. Con esto le quiere decir al narrador que no se trata de escribir algo de extraordinario sino simplemente de escribir en vasco.

---

[19] Atxaga, Bernardo: *Obabakoak*. Madrid 2000, p. 405.
[20] Atxaga, Bernardo: *Obabakoak*. Madrid 2000, p. 405-406.

4. Conclusión – el mensaje de Atxaga

Bernardo Atxaga comenzó su antología de textos y poemas *Nueva Etiopía* con un poema donde habla sobre su idioma.

> Lengua de una nación diminuta,
>
> lengua de un país que no se ve en el mapa,
>
> nunca pisó los jardines de la Corte
>
> ni el mármol de los edificios de gobierno;
>
> no produjo, en cuatro siglos, más que un centenar de libros:
>
> el primero en 1545; el más importante en 1643;
>
> el Nuevo Testamento, calvinista, en 1571;
>
> La Biblia completa, católica, allá por 1860.
>
> El sueño fue largo, la biblioteca breve;
>
> Pero, en el siglo veinte, el erizo despertó.[21]

La alegoría de una erizo que se quedó dormido por demasiado tiempo, que peró después de mucho tiempo viene despertado parece adecuado por describir la literatura vasca. Como dice el poema, en el lazo del tiempo entre la publicación del primero libro en vasco, *Linguae vasconum primitiae* de Bernard Etxepare en 1545, hasta el 1879 sólo 101 libros fueron publicados en la lengua vasca y entre ellos sólo cuatro fueron trabajos literarios.[22]

La guerra civil españòla, que demoró del 1936 hasta el 1939 tuvo efectos devastantes por la producción de la literatura en vasco. Los escritores de la vanguardia dejaron paso a una nueva literatura que buscaba como meta última la autonomía de la propia literatura y no la reivindicación de ningún interés extraliterario.

Con el libro *Obabakoak* el autor busca hacer un llamado en favor de una refundación de la literatura vasca. Atxaga hace un apelo no solo a los escritores, sino a todas las personas capaces de escribir en lengua vasca. Con el cuento *Método para plagiar* Atxaga plantea la necesidad de crear una novela vasca. Aunque haya existido una tradición poética anterior a él hay que construir la historia de la novela vasca. Para ello hay que formar una tradición

---

[21] ..

[22] Olaziregi, Mari Jose: *Waking the Hedgehog. The Literary Universe of Bernardo Atxaga*. Reno 2005, p. 11.

textual, hay que crear la novela vasca a partir de la identidad vasca. Pero no hay necesariamente que escribir sobre la cultura vasca. Atxaga mismo en Obabakoak escribe sobre otro países. Su deseo no es sólo que la isla crezca, osea que se escriba más en vasco, sino mucho más que la isla se une a otros territorios y así haya un intercambio entre la literatura vasca y otras. "A pesar de que he defendido siempre que el mundo de la literatura en euskera es pequeño, pero suficiente para el autor que escribe en esta lengua, creo que es fundamental que exista una relación con el exterior. La traducción de *Obabakoak* puede demostrar que es posible escribir un libro que diga algo a la gente y entablar relaciones con el exterior.[23]"

Gracias a estas influencias Atxaga propuso un nuevo modelo de identidad vasca por el siglo XXI, un modelo que se distancia de las nociones románticas de una identificación conectada al idioma, al pueblo y a la etnia. En ello es solo trámite al escribir que se puede encontrar una identidad cultural.

> "Pienso que la memoria es como una presa. Da vida a todo nuestro espíritu; para decirlo de alguna forma, lo riega. Pero, al modo de una presa, necesita de unos aliviaderos para no desbordarse. Porque si se desborda o se revienta, deja destrozado todo lo que halla en su entorno.[24]"

---

[23] http://elpais.com/diario/1989/11/27/cultura/628124410_850215.html
[24] Aulesti, Gorka: Bernardo *Atxaga un escritor cautivador*. En: http://lapurdum.revues.org/977, p 110.

5. Bibliografía

Aldekoa, Iñaki: *Historia de la literatura vasca*. Donostia 2004.

Atxaga, Bernardo: *Obabakoak*. Madrid 2000.

Arroita, Izaro: *Memoria e identidad en la obra de Atxaga y Saizabitoria*. (en: *Revista Internacional de los Estudios Vascos*. Cuad. 8, 2011, pp. 126-139).

Aulesti, Gorka: Bernardo *Atxaga un escritor cautivador*. (en: http://lapurdum.revues.org/977.)

Gabikagojeaskoa, Lulú: *Obabakoak vs. Obaba*. (en: http://www.modlang.txstate. edu/letrashispanas/previousvolumes/vol6-2/contentParagraph/0/content_files/file6/ Obabakoak.pdf)

Gómez Menjivar, Jennifer Carolina: *De tal palo, tal astilla. La huella de la memoria en Obabakoak y su adaptación cinematográfica, Obaba*. (en: Divergencias. Revista de estudios lingüísticos y literarios. Vol. 7, núm. 2, invierno 2009, pp. 13-22).

Ingram, Forrest L.: *Representative Short Story Cycles of the Twentieth Century. Studies in a Literary Genre*.

Olaziregi, Mari Jose: *El cuento contemporáneo en Euskara*. (en: *Lapurdum. Revista de Estudios Vascos*. Vol. 11, núm. 11, 2006, pp. 271-280).

Olaziregi, Mari Jose: *Waking the Hedgehog. The Literary Universe of Bernardo Atxaga*. Reno 2005.

Olaziregi, Mari Jose: *Leyendo a Bernardo Atxaga*. Bilbao 2002.

Uriarte, Jon Kortázar: *Literatura vasca desde la Transición*. Madrid 2003.

CON GRIN SU CONOCIMIENTOS VALEN MAS

- Publicamos su trabajo académico, tesis y tesina

- Su propio eBook y libro - en todos los comercios importantes del mundo

- Cada venta le sale rentable

Ahora suba en www.GRIN.com
y publique gratis